DU MÊME AUTEUR

*Le Destructeur de livres
et autres nouvelles*
(2016)

Guillaume PERNIN

Fragments d'ombre et de lumière

Éditions
Trésordudragon

Email : master@tresordudragon.fr

Site et boutique : www.tresordudragon.fr
(dédicace et cadeau pour toute commande papier sur la boutique !)

© Guillaume PERNIN, 2021
Tous droits réservés.
ISBN : 978-2-9553119-4-3

Existe aussi en version PDF, epub et Mobi.
Bientôt disponible en livre audio !

Fragments d'ombre et de lumière

Étoiles éphémères dans nos maigres vies
Tant qu'en nous leur lumière éternelle survit
Nos fissures sont comme de vifs interstices
Où le plein et le vide sans cesse se tissent

Octobre 2018

« — *S'élever au réel et pencher au mystère,*
Être le jour qui monte et l'ombre qui descend. »

Anna de Noailles, in Le Cœur innombrable

Lambeaux

Une voix suave susurrait en sourdine
Sur le ton innocent d'une jeune mutine
Lambeaux lambeaux que tout ceci
Lambeaux de chair lambeaux de vie
Ce sourire aux lèvres de satin
Cette douceur faite miel
Et qui rayonne dans maint ciel
Ces visages vides qui n'évoquent rien
Lambeaux lambeaux que tout ceci
Hymne infidèle au sang de nos veines
Qu'une frêle énergie rend sereines
Tandis que le temps s'enfuit
Lambeaux lambeaux que tout ceci
Parenthèse dont le grand écart
Ne retient jamais bien tard
La cohue de nos fragments en sursis

Lambeaux que tout ceci

Lambeaux d'une jupe fendue

Septembre 2009

Fr Ag m En T

De ces lumières grises que l'âme dessine
Un sinistre halo émane symbole inconstant
Prévisible sanglot d'un ailleurs évanescent
Aux limbes du cœur qu'un rêve assassine

Ces fragments nus comme miroirs polis
De reflets en échos murmures assourdis
Des ardeurs que le temps a assoupies
Source d'une quête éternelle inassouvie

Un rien est fragment devenu
Et nos illusions disparues

Juillet 2005

Élans

Pour Anka

Tu es comme le soleil

Tu es belle
Comme le soleil au crépuscule
Qui va se cacher derrière les collines verdoyantes
De peur que l'éclat de sa beauté
N'éblouisse trop
L'Homme.

Il rougit, rougit encore et se cache de plus belle,
Puis disparaît.
Mais je sais que demain...
Il réapparaîtra...

Décembre 1998

Parfum

Le souffle est le même
L'impression, singulière,
Cette odeur nacrée que j'aime
Et qui te met en lumière.

Ce parfum d'éternité,
Quintessence d'une senteur divine
Aux sources de l'été
Est venu planter ses humbles racines.

Décembre 1998

Ta photographie

Gardienne de mes nuits, rose de ma vie,
Ta pose figée et silencieuse attire mes yeux,
Toi, ton image intemporelle au vol saisie
Qui sur mon bureau blanc se prend au jeu.

Mon regard en caresse les contours suaves,
Comme si ce bout de plastique imprimé
Était en fait un trésor inanimé,
Un visage fin, statique, à l'air grave.

Mes yeux s'attardent sur tes lèvres, ton front,
Prédilection avouée de mes tendres baisers,
Et ton visage semble remuer à l'affront,
Il change, se brouille en un sourire effacé.

Il me parle, non, maintenant il est muet,
Il me regarde, mais a détourné ses yeux ;
Ma raison vagabonde en proie à l'excès
De ce trouble que tu fais naître en moi, si précieux.

Décembre 1998

Il y a dans mes yeux

Il y a dans mes yeux aux profondeurs floues
Une tristesse infinie
Allez savoir pourquoi peut-être est-ce la pluie
D'en haut descendue sans parachute
Peut-être est-ce ce ciel plombé nuageux bas
Qui m'oppresse sans raison
Peut-être est-ce ce vide étrange plein terrible
Au creux de mon ventre
Au creux de mon cœur
Au creux de mon âme
Allez savoir pourquoi peut-être est-ce moi

À moins que ce ne soit toi lointaine absente aimée
Qui me creuse le regard d'en dedans
Avec les dents d'un amour immense
Et me fait voir le monde ainsi
À moins que ce muet tourment abyssal
Ne soit que le reflet de notre passion
Qui nous tourmente également à distance
Afin de nous préparer à nos retrouvailles

Comme il est dur de vivre loin de sa bien-aimée !
Tels des feux éteints mes yeux survivent
Mon âme dans l'attente langoureuse et nostalgique
De la rencontre prochaine aux couleurs bleu et or
Vit de souvenirs et d'espoirs

Tu me parleras par des murmures attendris
Je t'écouterai pieusement médiatrice attendue
Entre la nature l'amour la poésie les rêves
Tu passeras ta main gracieuse dans mes cheveux épais
Tandis que j'embrasserai sans fin ton cou précieux
Nous serons heureux
Le feu reprendra et ne s'éteindra point
Il vivra pour toi en toi et par toi
Il sera intense pur caressant

Nous ferons notre chemin à la lueur de sa flamme

Février 1999

Mi-Lune

Ta silhouette svelte se découpait
Sur un fond de pénombre d'été
Ombre chinoise de ma vie
Ombre miracle qui sourit

Laissons se tisser la toile du temps
Le fil des années
S'est emmêlé
Dans nos pieds

Juillet 1999

Peur du vide

Ma vie entre tes mains
Ta décision sera la mienne
Mon amour sera le tien
Si tu le veux bien

Pourquoi s'arrêter en si bon chemin
Pourquoi se désunir
Nous avons tant à vivre
Tant à rire
Tant à pleurer
Pleurer
Quel soulagement
Mes yeux brouillés ne voient que toi
Une musique triste résonne en moi
J'arrive à peine à écrire
D'une plume qui glisse sans vouloir finir

Et mon cœur ne bat que pour ton nom

Août 1999

Ma reine

Tu es
Le fou rire qui me secoue
L'éclair qui me traverse
L'opium qui m'hallucine
L'attention qui m'échoit
La fleur qui m'émoustille
Le frisson qui me parcourt
La folie qui me gagne
Le feu qui m'attise
Le flux qui m'anime
La voix qui me berce
La crème qui m'adoucit
L'eau qui me rafraîchit
L'énergie qui m'endurcit
La prudence qui m'assagit
La connivence qui m'enhardit
Le trésor qui m'émerveille
Le parfum qui m'enivre
La détermination qui m'impressionne...

Quatre lettres cachent tant de facettes
Alpha et Oméga du poète

Septembre 1999

Déclaration décalée par dialogue

MOI, *fervent*
Nous nous aimons...

ELLE, LUI et EUX, *rêveurs*
Ils s'aiment.

MOI, *opinant*
On s'aime, oui.
Elle m'aime d'ailleurs...

LUI, *intrigué*
D'elle-même ?

MOI, *interloqué*
Évidemment !

EUX, *lassés*
Ils s'aiment, on le sait !

MOI, *contant fleurette et logique à la fois*
JE aime TU.
TU aime JE.

EUX, *exaspérés*
JE-TU s'aiment, on le saura !

LUI, *bienveillant*
JE-TU aiment, eh oui !

ELLE, *soudain anxieuse*
Mais... Je tue Aime ?

MOI, *apaisant*
Surtout pas !
Je t'aime...

MORALITÉ :
Aimer ne prend qu'un aiMe, m'aime au subjonctif...

Septembre 1999

Tes larmes bues

Tes larmes bues m'étaient dues
Était-ce nectar ou ciguë ?
Je ne sais je ne sais plus

Aigre-doux alors insiste
Si passent les anges
D'un silence étrange

Compris les mots
Retournent à l'eau
Compris les mots
Sapent le fardeau
Compris les mots
Sauvent le radeau

Même si compris
Ils s'en retournent
À l'eau
Les mots

À l'eau
Où Elle s'en fout

Février 2000

Bien-aimé(e)

Bien heureux qui bien apprend
Que le bien, bien appris, bien sûr,
Bien souvent vient à qui sait t'attendre
À qui sait bien attendre le bien viendra...

Février 2000

Naissance du plaisir

Laisse ici sourdre l'étoile
Qui fit feu sur ton chef
Et depuis tout s'enhardit
Vers le creux d'une toile
Épousant nos corps nés brefs

Lance encor le cri fatal
Qui crépite en tombant
De marche en marche jusqu'à
Ce trémolo strident
Dont le trille est un vrai pal

De marche en marche jusqu'à
L'ivresse complète
De se sentir deux et un

Juin 2000

Si loin mon ange

Si loin si loin mon ange
Que rien ne change
Où je suis
La pluie le vent la pluie
Trace figée de mon amour
De bien frileuses intempéries
Ont rendu mes doigts gourds

Les gouttes abondantes laissent place
Peu à peu à une tempête grêleuse
Excès de la diaspora nuageuse
Que le tremblement du ciel efface

Si loin si loin mon ange
Que rien ne change
Où je vis
L'ennui le temps l'ennui
Et un repos de cathédrale
Pour seule et saine compagnie
Éclipse placide occultant le régal

De l'orage déchaîné par nos sens
À ton contact

Juillet 2000

Graveuse sur draps

Tremble
Oui tu trembles
Je le sens
Tu ne me caches rien
Rien
Sinon ta peur de me perdre
De m'aimer trop fort
De vivre vieille
Mais sans moi

Au réveil être là
Je connais cet espace
Mille espoirs semés de peines
Ce creux
Au milieu du matelas
L'empreinte tiédie de tes formes dorsales
Gouffre du plaisir

J'aime
Une graveuse sur draps

Octobre 2000

Météores indifférents

Ta mémoire que dit-elle je l'entends
Je la sens qui s'enfuit en riant
Amours êtes-vous vaines ou translucides
En chuchot une musique douce m'apaise
Impose en mon sein la chaleur de tes braises
Aimer plus tôt plus tard toujours à jamais
Les effets subtils et neufs que promet
Cette expérience qui ne cesse de surprendre

Tremblant accroc d'un cœur tendre
Le mien est pris à une toile inextinguible
Enfermé dans un écrin sans clé possible
Cloué à un ciel fourmillant d'étoiles

Météores indifférents

2001

Les beaux mensonges

Les beaux mensonges font d'excellents contes
De grands cris d'amour et d'amertume
Que l'on raconte aux enfants trop curieux
Qui lisent l'heure dans les yeux amoureux
Et respirent chaque mot léger comme une plume
Les beaux mensonges font d'excellents contes

Septembre 2002

Passion

Que de fleurs assombries avons-nous respirées
Vestige doré à nos narines tremblantes
Un encens capiteux dont la senteur nous hante
Comme aux premières nuits Qu'avons-nous respiré
Si ce n'est la fureur l'orage de nos sens
Où tout toujours ensemble et sans fin recommence
Point de douceur légère de câlin azuré
Mais violence des sens Avons-nous respiré
Notre poumon percé produit un son bizarre
Et rend notre air si pur tellement nasillard
À quoi bon retenir ce souffle empoisonné
Sur la peau ansérine Qu'avons-nous respiré
Sinon ce mûr parfum déposé en secret
Que la mûre et le citron ont rendu très gai
Notre vie compte si peu face aux fruits qui poussent
En nous presque partout et que nous nommons tous
Passion nous ne respirons jamais que toi

Février 2004

Sois

Manifeste
Ta douleur tapie profondément
Et qui dans l'ombre s'agite
Démesurément

Crie
Ta colère retenue longtemps
Et qui en ton cœur gronde
Inlassablement

Exprime
Ton mal-être subi patiemment
Et qui en ton âme se fige
Mélancoliquement

Mais chante
Chante
Ta joie de vivre survenue inopinément
Et qui en toi jaillit
Légèrement

Février 2010

Astractifs

Réflexion faite
L'heure alourdie et lasse
S'éloigne de la fête
Où de timides hôtes s'enlacent

De volutes en arabesques de brume
Qu'une brise soupçonneuse anime
Finissent les lambeaux de nuit qu'inhume
Un pâle soleil à la clarté opaline

Les astres ont ce tact incroyable
De dissimuler aux yeux indiscrets
Et tout autant les révéleraient
Ces secrets obscurs et indiscutables

Dont la vérité périt sous un flot de lumière

Mars 2010

Vision partagée

Délaisser le frisson qui t'anime
Ce soubresaut attendri et transi
Dormir un peu sur le flanc
De l'autre côté du soleil
Doucement assoupir les doutes
Docile sinon soumis à ta loi

Et voir le monde à travers tes yeux
Comme un songe éveillé qui ne finirait pas
Dont les délices dorés capitent légèrement
Et goûter le monde à travers ta bouche
Comme une saveur sucrée s'instille durablement
À la périphérie des lèvres subsiste ton parfum

Unique

Novembre 2010

Ta vue m'échappe

Ta vue m'échappe
L'ombre dorée de tes yeux
Continue son travail de sape
Et chavire les envieux

Au-delà des soupirs amusés
Qui dira le bonheur suprême
D'avoir connu l'éclat irisé
De cette pépite extrême

On ne saura plus jamais
À l'issue de cette lutte épique
Ce que fut un regard vrai
Un roulement une danse mimétique

Ta vue m'échappe
Mais tout se noie et se dilue
Dans les limpidités qui me frappent
D'une vie jamais vécue

De potentiel à irréel
Cet échange ressuscite
L'écho de nos âmes éternelles
Liées par cette magie tacite

26 novembre 2015

Renouveau

La piste est encore tiède
Nous anime une drôle de fièvre
Pris aux épaules poussés des ailes
Aventureux sans nul remède
Que les mots ballants à nos lèvres
Et qui sonnent comme porcelaine qui se fêle

Pourquoi faut-il que gèle
Dans nos cœurs la flamme éternelle
Et que la glace du doute nos lèvres scelle
Comme vont mourir de vaines étincelles
Sitôt éteintes et disparues pucelles

Au fond des âges ont faibli les merveilles
Qui jadis éclairaient les délices nonpareils
Automne de nos passions nouvelles

Janvier 2016

Ô fonds des cœurs

L'écho des jours nouveaux
Atteint enfin la houle invisible
Qui secoue le fond de nos océans

Vaisseaux de nuages sans visage
En caravane sage flottent paresseusement
Un sable blond irise leur passage

Aurore d'écume surprenante
Lorsque la nef de notre cœur
Crève la surface des sentiments

Au-delà de ce désert lisse
Une étonnante vie abreuve
L'amour qui toujours s'esquisse

Novembre 2017

À l'ombre de tes yeux

À l'ombre de tes yeux
Je me suis reposé
Un soupçon de rosée
Rafraîchit mon cœur fougueux

Que les rêves sont soyeux
Dans la douceur de ton cou
Un paradis où l'on se fout
De tout
De rien
Au creux de tes cheveux

Milliers d'amoureux vœux
Dans une éternité complice
Aussi vivante que d'innombrables délices
Épris du silence comme du feu

Renaissance de l'être heureux
Quand éperdu d'un éclair divin
Brille l'éclat magnétique du lendemain
À l'ombre de tes yeux

Il n'est point d'endroit plus lumineux

Février 2018

Erre mais tique

Bravant les flots

Emportés par la vague, soulevés par l'écume douce
Qui nous berce lentement vers le ciel clair et azuré,
Une mélopée sourde nous submerge, nous pousse,
À nous lancer toujours plus loin, ignorant le danger.

Et pourtant, la vague s'enroule, se cabre, rebondit,
Projette gerbes d'étoiles et gemmes étincelantes,
Elle se courbe de plus belle et, ainsi, s'enhardit,
Mais nous restons sur sa crête toute ruisselante.

Criant notre joie, notre bonheur, notre plénitude au vent,
Accélérant la course folle qui nous enivre soudain,
Nous ressentons alors la fièvre qui sommeille en notre sang,
Celle de l'aventure que nous entretenons en notre sein.

Et puis la vague finit sa course, s'arrête et va nous déposer,
Sur la plage du jour présent où nous devons nous reposer.
Mais cela nous est égal, car nous levons la tête, fièrement,
Et nous nous précipitons sur la vague du jour suivant.

Le Chaos et son œuvre

Je me bats contre le mal insidieux et stupide
Qui sommeille dans le cœur de mes ennemis perfides,
Les destructeurs de roses, les chaotiques servants
De l'affreuse Ineptie, de l'infernal Mouvement ;

Ceux qui d'un geste savent prendre la vie
Et sans aucun remords, le faire encore,
Jusqu'à ce qu'autour d'eux leur folle envie
Ne laisse destruction et déserts morts.

On me dit qu'il faut pardonner : c'est humain,
Mais je ne trouve d'humain que la bêtise
Qu'un vent dément impétueusement attise,
Comme s'il se gaussait de nous avec dédain.

Trêve d'hostilités, désormais, je me tais,
Ma colère gronde en mon âme et soupire,
Mais ma solitude me désarme et je hais
Exprimer ma douleur qui sans souffle respire.

Septembre 1998

Fièvre

D'où viennent ces livres qui m'entourent et m'oppressent ?
Je vois formes et couleurs, titres et auteurs,
Leurs mouvements semblent teintés de triste ivresse,
Ils tournoient, vagabondent, odieux perturbateurs !

À quoi rime cette sarabande livresque ?
En délire, alité, je reconnais ces tomes
Qui s'échappent en riant de ma bibliothèque
Et viennent tourmenter mon esprit de jeune homme !

La chaleur me consume, insoutenable feu,
Et ma lutte inutile, mes poings engourdis,
Sont autant de signes et de symptômes affreux :
Étendard d'un combat contre la maladie.

Ma raison vacillante ne craint plus les livres
Dont le manège sournois est nimbé de flou.
Empreinte d'obscurité, la nuit me délivre :
Paupières déclinantes et larme sur ma joue.

Février 1999

Allégorie existentielle

> « Toute chose n'est que la limite de la
> flamme à laquelle elle doit son existence... »
> *Gaston Bachelard*

Flambeau mortel et vacillant sous le vent,
Combat amer aux allures épiques,
Vivante flammèche dansant par renoncement,
Attente du souffle de la délivrance magique.

Elle monte, s'épaissit, flamme présomptueuse,
Elle s'épuise, devient ténue, flamme craintive,
Sur le bougeoir de la vie pour qu'elle survive
La cire existentielle fournit l'énergie trompeuse.

La lente coulée tiède se renouvelle lentement,
L'énergie du cierge allégorique s'échappe,
Comme un fait prévu, décidé depuis longtemps,
Et la flamme est secouée par le vent qui la happe.

Celui-qui-éteint viendra sous peu accomplir
Sa triste besogne comme il l'a toujours fait
Avant que la bougie, qui désormais, ici, se plaît
Ne finisse par ne plus vouloir mourir...

Mars 1999

Silence

Silence...
Presque oppressant
Ultime vainqueur

Les atomes se reposent
Sur les lauriers du néant
Osmose
Silence...

Mes phalanges craquent
Sous la pression de ma main
Accélération
Déplacement
Arrêt

Silence réapparaît
Solitude complice de mes nuits livresques
Impalpable compagnon qui opère
Mutisme
Absence

Le silence me perd
Extirpe mes idéaux
Perchés vers ta figure charismatique
Ta voix en sourdine dans ma tête lourde
Piano sans résonance

Un circulaire regard dérouille ma nuque roide
Puis immobile descend en mon for intérieur
Une fragrance de *Carpe Diem* fond
Dans les limbes bleus de métal et d'or
Et voilà que naissent des traits connus
Hérauts d'une transcendance précise
Par laquelle s'ouvrent les chemins de l'univers

Sans yeux et sans bruit
Je contemple
Un trouble fantastique
En moi profond

Mars 1999

Cécité

Ce soir encore
Les volets vont claquer
Couperets de la lumière du jour
Guillotinant l'éclat diurne s'amincissant

Banales lames de plastique
Un assemblage grossier qui possède le pouvoir
De murer une pièce de vingt-cinq mètres carrés
De faire jaillir l'obscurité la plus complète

Et pourtant il faudra s'y résoudre
Tirer la languette textile
Attendre la communication du relâchement
Supporter le sonore claquement

Il faudra accepter qu'un jour de plus
Ait sombré dans les annales du passé
Il faudra descendre l'escalier somnolent
Qui mène à l'idyllique lieu de l'Oubli

Car la réponse n'aura pas encore été donnée

Juillet 1999

Défi

Vois-tu comme le ciel s'ouvre ce soir
Bouche béante qui avale tout
Qui apaisera l'étoilé trou noir
Si ce n'est toi qui peux et oses tout
Joug de l'esprit Sein qui te sied si bien
Amante du jour à l'âme stellaire
Nuancée du bleu du jour qui revient
Sur sa révolution solitaire

Ose si tu peux défier l'éclair
Moi je m'y suis par trop de fois frotté
Chevauche sans peur les rais de lumière
Qui me rendent coupable d'une cécité
Que ne parvient pas à soigner le déclin

Contemple le ciel ouvert ce soir par toi
Où le flambeau ancien attend ta venue
D'un élan prométhéen vas-tu cette fois
Couvrir de ta main ce savoir cet écrin

Nu

2001

Un cygne, une plume

Lorsque le cygne noir là-bas suspend son vol
Et que ses ailes agiles fendent l'azur
Il me semble que loin là-haut un fil s'étiole
Extrait d'un réseau pléthorique qui assure
La distribution des destins aériens
L'aérodynamisme du cygne sombre
La stabilité des nefs en chemin
La continuité d'un empire et son ombre
Étendue longue des terrestres souterrains
Vue oblongue sur de plus riches lendemains

Et le vol d'une plume n'effraie pas le vent
N'est-ce pas ?
Et le vol d'une plume n'effraie pas le vent
Ni les terres mouvantes
Ni les maîtres du temps

Est-ce vrai ?

Juin 2002

Clair-obscur

Il en est des rêves comme des clairs de lune
Toujours parés d'un halo diffus
Périssables
Peu stables
Et à l'éclipse voués
Un labyrinthique chemin disperse
L'écho des regrets naissants

Mars 2003

Ubiquité

Une toile lisse un voile scintillant
Que d'une antique et délicate manière
Le temps tisse en chapelets éphémères
Écheveau de fragments humains se dévidant

S'il se déchire malheur à nous
Intemporels les vœux de nos cœurs
Sont la pureté d'un espoir un peu fou
Lorsque nous sommes ailleurs

Mars 2003

Errance

Dans le ciel ne restait qu'une poignée d'étoiles
Un lambeau de réalité
Un rien d'été
Une voile

Un linceul d'écume demeurait en surface
D'une mer que ne troublaient ni l'audace
Ni la fureur d'une inconnue
Arrachée à la terre féconde
Hardie mais éperdue
Par le roulis chavirée chaque seconde

Une nef fendant l'onde
Parcourant la mappemonde
Du ponant au septentrion
Mais vers quelle destination ?

Août 2003

Anéanti

Nos néants ont une meilleure saveur
Que les vôtres
Leurs poussières de poussières capiteuses
Sont divines

Juchés sur un croissant de lune
Immortels
Goûtons ensemble à cet oubli suprême
D'étincelle

Août 2003

Flambe haut

Lanterne à la lumière diminuante
Flamme vacillante
Sans autre preuve d'existence
Petite mort lente de sa substance
Fine agonie en flacon infini
Déperdition évanescente
D'une chandelle introvertie
Consumant sa vie sans précaution

Octobre 2004

Cette vie-là

Cette vie-là ressemble à un sourire de lépreux
Du fond d'un vase urne ou canope initiatique
S'environnent de regards dédaigneux les vœux
Si d'aventure trébuchent les pas le jeu critique
Reprend

Cette vie-là ressemble à un sourire de lépreux
Mi-figue sucrée mi-raisin acide prophétiques
Une suave mélodie sur les lèvres en feu
Et l'emballement soudain d'un cœur que l'apoplexie
Guette

Cette vie-là ressemble-t-elle à un rictus torve et terne
Façonné par l'angoisse présente du délabrement
Du rire l'inane tourment porte le drapeau en berne
Sentinelle attentive et patiente qui dans l'ombre du dedans
Attend

Juillet 2005

Volutes

Lorsque filtrent les rêves
À la faveur d'une nuit brève
Du mouvement des peines
Ne subsiste que la scène

Des événements passés
Trop vite évincés
Conservons peu de traces
Telle une fumée qui s'efface

Alors soudain un mince rayon inattendu
Survient et impertinent
Relève la jupe du désespoir

Juin 2006

Obsidienne

Que se posent nos yeux un instant frivoles
Et le sol sablonneux sous nos cœurs chavire
Le ciel caressant de ses tentacules nous frôle
Laissant une fièvre en nous qu'un feu ivre
Anime tout autant que ce vertige nous dérobe

Que se posent nos yeux un instant frivoles
Sur la tentation irrésistible du soleil
Et nos iris calcinés porteront l'ultime éveil
D'un esprit trop attiré par l'auréole
Mais que l'affaiblissement guette encore

Que se posent nos yeux un instant frivoles
Et les barrières d'ivoire peuplant nos rêves
En éclats et poussières blanches voleront
Si la lenteur du regard les grève
Alors les secrets anciens par ces portes surgiront

Octobre 2008

Golems

Ensevelis sous des sables vivants
À l'heure où nos âmes déclinent
Se surpassent les être potents
Que de fines lumières animent

Assurément vifs mais distants
D'une douleur l'autre s'en vont
D'une rive l'autre quittant
Les frontières lointaines de l'absolution

Septembre 2009

Fugue

Odieuse lucarne
Ouverte sur nos peurs
Mais quelle vue quel leurre
Ici trop tard s'incarne

De glorieuses percées
Pourtant point de terres
L'espoir d'être a cessé
Et ses remous lentement s'effacent

Fenêtre vide donnant sur rien
Cet inconnu glacé appelle
Le don d'un monde fait sien
Où nos pensées lentement gèlent

Vaine quête de lumière
Une poursuite inaccessible
La flamme reste éphémère
Et décline face à l'indicible

Mais qu'une étincelle fuse...

Février 2010

Doute

Magnétique considération
Tout amène et entraîne
La prescience d'un autre temps
L'ineffable caresse d'autrement
La vivace vision du recommencement

Un œil ouvert sur l'inconnu
Contemple-t-il le néant
Ou bien l'envers du temps

Voit-il les vraies raisons
De nos existences incomplètes

Voit-il seulement aveuglé et impotent
S'il n'est pas déjà l'heure de basculer
De l'autre côté de la barrière redoutée

En attente du grincement salvateur

Février 2010

Au fil de l'eau

Hélas au fil de l'eau
Bercées de sirènes et de musiques célestes
Ne demeurent que les ondes moribondes
Dont le trépas approche en tapinois

Utopique comme une invisible ville
Point l'étoile qui mouille nos rêves
Et noie son reflet dans la nuit brûlante
Qu'une vie éphémère illumine

Ah mourir et voir les cieux déchirés en deux

Janvier 2011

Périlleuse facétie

Périlleuse facétie
Que la vie
Ses interdits honnis
Ses vœux inaboutis
Cette comédie
À peine assourdie
Un rêve aux visages déconfits
Paré de soupçons amis
Un reste de suie
Couvre ces mesquineries

Reste un corps qui plie
Une âme qui s'enfuit
Fin des péripéties

Janvier 2015

Extatique

La source arrêtée au seuil
Faut-il que tu la veuilles
Cette absence de tout et de rien
Une révélation qui se maintient

À l'orée du virage orageux
Versant de la voie de tes vœux
Faut-il que tu y tiennes
À devenir de l'oubli la reine

En ton splendide trône de doute
C'est une destinée qui lentement s'égoutte
Des ténèbres octroyées obscure mais sereine
Faut-il que tu reviennes

Couronnée des étoiles que la vie
En négatif sur toi a inscrit
Oublieuse et heureuse du départ
En ce cimetière d'astres épars

Vibrante encore aux portes de la mort

03 avril 2016

Dernier sursaut

Tout son sang en lui s'agite
Un bouillonnement extravagant
Malgré la force qui le quitte
Et qui s'épuise tant l'être est lent

Comme un mirage caressé des doigts
La pâleur de la nacre envahit ses traits
Et semble un givre vibrant d'émoi
Prêt à se briser ornement défait

Tout son cœur d'un rêve palpite
Et vire et chavire nef inconstante
Comme un cheval marin qu'une mouche irrite
Constellé du sel des vagues impatientes

Ne serait l'audace de ce feu d'écume
Qu'il imagine flamboyant dans la nuit
Dispersant ses cendres obscures plumes
Le frisson de son âme sourd sans un bruit

03 mai 2016

Sans soucis

Si tu sais ce qui cesse
Sans savoir ce qui suit
Ces savants soupirs sournois
Soufflent sans un son

Sans style subtil et superflu
L'incessant souvenir si sensible
Subit souvent l'assaut sévère
Sursaut de survie signe peu certain

Symbole de ce si aussi sûr que saisi

Mai 2017

Re-vie

Au détour d'un chemin
Au croisement d'une vie
Parfois surpris le destin
S'immobilise dans l'infini

Alors commence ici
Ta deuxième vie

Février 2018

Mourir un peu

Un silence très étrange régnait au seuil
Un cortège éclectique formait une escorte
Car on portait bien haut un immense cercueil
Inéluctable fin souvenirs qu'on emporte

Ce qui est né un jour doit mourir c'est la règle
Il n'en est pas en ce monde de plus sévères
Pourtant le fébrile jeu peut revivre espiègle
Notre univers entropique est plein de mystères

Ce qui croît secrètement en nous un jour germe
De nos schémas de nos idées faisons le deuil
Il est vain de lutter quand arrive le terme
L'histoire à peine entamée déchirons la feuille

Et par les amples béances offertes alors
Entrevoir l'espoir fou d'alternatives vies
Bien que sur aucune ne se fixe le sort
Le premier pas coûte plus qu'un temps infini

Mourir un peu pour se lancer dans l'inconnu

4 décembre 2018

Fées et ris

Alla prima

En retirant le bleu des rivages
L'ocre de la terre
Et le rouge des volcans
Le peintre ne savait que faire
De tant de couleurs
Et peinait à confectionner
Le teint du visage d'une fée

Vexé par l'attente
Et le manque de résultat
Le modèle s'envola

Et le peintre de dire adieu
Adieu beauté volante
Dont les yeux ont brillé si fort
Au milieu de ma nuit
Qu'ils m'ont ébloui

Août 2003

Gravité

Un fruit rouge est tombé
D'une branche trop frêle pour le porter

S'est écrasée en contrebas
Une pulpe amarante pleine d'embarras
D'avoir souillé une herbe si verte
Et d'avoir éborgné un champignon inerte

Nymphes et hamadryades en rient encore

Novembre 2003

Erreur originelle

Des grands penseurs que reste-t-il enfin
Sinon le creux d'un pur raisonnement
Qui pour notre immense malheur
Nous est parvenu déformé
Vivions-nous dans l'erreur ou nous fut-elle donnée
Nous ne saurions dire sans sourire
Ce qui nous a erroné

Janvier 2004

Feu de glace

Lisse comme les eaux très froides et limpides
Où patineraient sur la surface gelée
Le rire des fées qui fond sur la glace
Et le cri des nixes dont le visage vide
Se remplit parfois de paysages dorés

Mince feu innocent couvé d'une main lasse
Par les blanches vestales vierges et dolentes
Dans leurs temples sacrés qu'un triste givre hante
Feu de glace que n'animera pas l'été

Mai 2004

Or séant

Ailleurs unis les flots se débattent
Un cœur antique a cessé de battre
Frisson de l'aube écume exacte
Une sirène étrange folâtre
Et contemple frivole naïade
L'impérieux moment du lever
Où l'astre solaire à peine mouillé
Échappe flamboyant à une improbable noyade

Juin 2006

Conciles oisifs

Souvent se tiennent des conciles
Devant ces pierres glissantes

On lutte précaution inutile
Le front bas et la lippe pendante
Les yeux fixés sur les pavés
Qu'une pluie glacée huile
On lutte parapluie déployé
Deux amoureux brodent une idylle
Serrés sur un banc public
Des gens uniformes déambulent
En évitant les flaques

Et se tiennent des conciles
Des conciliabules infinis
Échangés par deux pies

Rêveries de trésor facile

Juillet 2009

Mithragan

Se dispersent les brumes
Et se désagrègent les flocons
Unis sous un ciel d'hiver
Les nuages plombent l'horizon
La chaleur de nos mains
A fait fondre le gel
Qui enserrait notre cœur
Et emprisonnait nos joies
Un beau feu de cheminée
Et le bonheur et la douceur
Le tintement des chansons
Une table dressée à l'honneur

De Noël entré en sa saison

Décembre 2010

Je-ne-sais-quoi

Soudain le ciel change
Un je-ne-sais-quoi
Interrompt l'échange
Et vous laisse coi

Ce n'est pas l'arc-en-ciel
Ayant élu domicile en douce
Ni ce nuage couleur de miel
Qui obscurcit la mousse

Ni ces hirondelles dont le vol gracieux
Fend l'azur de part en part
Ni les rayons du soleil radieux
Dont la chaleur est sur le départ

Ce n'est pas non plus le vent
Qui lascivement agite les branches
Et qui aurait comme souvent
Chamboulé les landes blanches

Mais alors qu'est-ce que serait-ce
Tant que dure ce je-ne-sais-quoi
Le monde se pare d'une immense liesse
Sans jamais vraiment savoir pourquoi

Janvier 2011

Sylve

Repose un moment tes ailes
Et déglutis la poussière
Qui colle à ton palais
Honore ce promontoire
Tant qu'il te supporte
Car l'avenir est incertain
Quand rôdent des prédateurs

Déserte un instant le ciel
Soulage tes plumes
Du poids de l'air
Et terrestre
Redeviens un bourgeon du rameau
Que tu fréquentais oisillon
Avant de prendre ton envol
Gracieux et puissant

Un bruissement sauvage
Alerte la forêt
Que la fauvette erre à nouveau

Janvier 2011

Promenade

Un pont bordé de joncs
D'herbes hautes et de nénuphars
M'évoque le Japon
Et ses jardins caressant le regard

Je le traverse heureux
Franchis ses degrés arrondis
Traîne mes pas langoureux
Prolonge la marche qui paraît infinie

Une musique douce s'égrène
Légère comme la rosée s'évaporant
Et je flâne sans gêne
Illusions et espoirs à mes pieds lents

Je m'engage de l'autre côté
Sur le sable blanc profond
Des traits qu'un râteau a tracés
Crissement des minces sillons

Enfin je m'arrête et mon âme repose alors
Sous les ramures d'un majestueux ginkgo
Apaisée et recentrée dedans comme dehors
Car cesse un moment du monde le tempo

Accède au ZEN
Qui sait trouver la paix
...
Et inversement

29 mars 2011

Dents de lion

Suivant le vent ils furent zélés
Étrangement nés curieuse vie
De la malédiction d'être légers
Découle une liberté toujours subie
Un zeste soucieux de folie
Couve leur essor sans déranger
La brise tiède portant leurs fruits
Disséminés vers d'autres contrées

Les barbes blanches des pissenlits
Dotant le soleil d'un sourire ravi
Ne craignent ni la pluie
Ni du temps la furieuse entropie

06 février 2013

Miracle

Soudain le monde change
Des sourires naissent surpris
Une étrange énergie s'échange
Et porte le miracle de la vie

On aurait tort d'y renoncer
À cette liesse irrépressible
Qui convertit l'ombre portée
En lumière de tous les possibles

Une foule dense s'étonne alors
Du bonheur éclatant d'être ensemble
D'une joie immense qui d'ordinaire dort
Et éclate au grand jour fièvre qui tremble

Dans les regards la lueur du triomphe

04 mai 2016

Ivresse d'été

Souvenirs d'été
Carrousel de couleurs enflammées
Source limpide dévalant les mousses
Cuisses mouillées au gré des fontaines
Blés mûris dans le giron des plaines
En l'attente des moissons
Lumière de cathédrale
Entre les frondaisons des bois verts
Pépiements et babil animal
Vergers luxuriants
Fruits aux sucs parfumés
Jeux éphémères jusqu'à la nuit

De la vie la richesse et l'énergie
Authentiques

01 juillet 2019

Faits d'armes

Le siège I

Il y a fort longtemps, en un temps médiéval,
Régnaient encor des monarques aux multiples terres
Et les ménestrels chantaient dans les froides salles
Les glorieux exploits, l'amour, la vertu, la guerre.

Batailles sans merci, victoires si amères,
Dans lesquelles périssaient moults vertueux guerriers.
Le dur chant du fer tintant contre son confrère
Emplissait les vallées, déchaînait les armées.

Il existait un castel, jugé imprenable,
Car jamais pris depuis sa construction première,
En un lieu où le commerce était responsable
D'un essor mettant un trésor en lumière.

Château convoité pour cette ultime raison :
Écus, deniers, joyaux et semblables richesses,
Remplissaient le cœur des brigands de déraison
Et le châtelain d'une profonde détresse.

Le siège II

Or, il advint qu'un jour d'automne âpre au réveil,
Un mécréant hardi fit lever une armée.
Une kyrielle de fantassins et d'archers
Fut réunie sous cette égide criminelle :

Des barbares, des géants hors-la-loi sans foi,
Inhumains, motivés par l'or et l'âcre goût
Du sang ; inspirant un légitime dégoût
À qui aurait croisé ce très mortel convoi.

L'armada s'avançait, unanime Attila,
Devant les lourds murs épais de la citadelle
Tandis que les vigiles des hautes tourelles
Donnaient de la corne et du tocsin, en émoi.

Le roi anxieux fut dépêché pour cette aubaine
Et le conseil se réunit dans le donjon.
Les valeureux soldats et les fiers capitaines
D'une seule voix dirent : « Jamais ne bougerons ! »

Le siège III

Un jeune seigneur toutefois n'assista point
Aux palabres guerrières dont l'issue prochaine
Ne laissait présager qu'un bien triste destin.
Il s'était donc rendu au pied d'un vieux chêne.

Là, sa mie l'attendait, pleurant amèrement
La bataille qui n'avait pas encor eu lieu.
Elle priait en disant : « Quel est ce châtiment,
Qui s'abat tel un voile pesant sur mes yeux ? »

Et il répondit à sa belle sans ambages :
« Qu'importe la guerre en nos murs qui fera rage !
Mon épée, dans la mêlée, portera ta loi ;
Dans mon cœur sans peur sera ta charmante voix.

Peu me chaut ! Je suis insensible à la douleur ;
La rose qui ceint mon plastron a tes couleurs,
Mon bras vif s'abattra, il fera grand dégât,
Et si, hélas, il faiblit, je mourrai pour toi. »

Le siège IV

Tant d'éloquence ravit cette dame en larmes
Et comme si, par magie, agissait un charme,
Les fiers tourtereaux se sentirent invincibles,
Prêts à tout sacrifier dans la lutte terrible.

La porte du château céda un beau matin
Tandis qu'un soleil absent n'éclairait en rien
L'horrible affrontement à la béante entrée
Que le preux avait fait serment de protéger.

Il mit sa dextérité, sa force au service
Des rangs de chevaliers qui, pour la justice,
Creusaient de larges brèches dans les rangs adverses
Tandis que s'annonçait un présage d'averse.

Aux flancs des défenseurs, il tailla dans la masse,
Sous la pluie battante purifiant leurs fronts,
Et, aux siens, sa hardiesse apporta le don
De redoubler d'efforts pour que vilains trépassent.

Le siège V

Ce foudre de guerre fit tant et si bien jouer
Son épée fine et fidèle au morfil vengeur
Qu'un amoncellement de corps brisés, troués,
Encombra bientôt l'arène de l'honneur.

Pourpre et visqueuse coulait la féconde boue
Entre maints blessés moribonds et corps figés,
Gênant les belligérants encore debout
Par une ire létale tous aliénés.

Mais face au flot d'assaillants vomis du dehors
Le chevalier sentit son bras droit s'alourdir,
Et vit ses compagnons peu à peu défaillir
Sous les féroces assauts des vils pilleurs d'or.

Les soudards dont l'unique dessein dans l'action
Se résume à une cupide convoitise
Ne renoncèrent aucunement à leur sottise
Hachant menu la garde sur ses positions.

Le siège VI

L'estoc de sa claymore perdit son mordant,
Son bouclier, obsolète, tomba à terre,
Les coups qui, sur son solide plastron, grêlèrent,
Flétrirent la rose comme un vent violent.

Désarmé par la ferveur d'un cruel piquier,
Il essuya de malchanceuses estafilades
Et témoigna son désarroi d'un cri d'acier
Face à la funeste fin de cette algarade.

Malgré elle, la belle calma sa panique
À l'écho déchirant d'un hurlement fatal.
Du balcon, elle entrevit un destin inique
Ravir son aimé et toute l'armée loyale.

Les derniers survivants hésitaient à s'enfuir,
La cour, en bas, regorgeait de nuisibles sires :
Alors, mue par la douleur, Ophélie nouvelle,
D'un mémorable saut se rêva hirondelle.

Métamorphose

Quand les canines effilées pénétrèrent la peau
Souple d'abord puis se laissant pleinement saisir
La proie frissonna d'un sursaut empreint de plaisir
À l'étreinte vorace de cet amant nouveau

Celui qui buvait à longs traits une chaude vie
Accorda ce soir à un jeune désemparé
L'honneur d'évoluer dans la même lie que lui
Au même pacte méphistophélique enchaîné

La créature des ténèbres scruta son maître
Désormais vassal il le serait à tout jamais
Et ses yeux de loup pour la première fois s'ouvraient
Palpitaient de la furie qui pousse à se repaître

Car déjà une trépidante soif l'asséchait

Et n'eut été l'aurore fraîche pointant au loin
Il eut volontiers perçu sa dîme de déchu
Mais l'instinct lui dicta de jeter son dévolu
Sur le couvert ombrageux d'un mausolée voisin

Où il côtoierait les cercueils de stryges et vampires

Mai 2000

Tuzla en Bosnie

Les rues suppurent de viles lésions
Les cratères des bombes cicatrisent
En dallage de ville piétonne
Aux formes sacrées des étoiles
De David ressuscitées

Des ordures traînent dans les canaux
Une eau croupie les contourne
Le pont qui les surplombe croule
Les immeubles autour sont insalubres
Et les gens marchent et se parlent
Disent bonjour et se taisent aussi

Danas jesmo sutra nismo
« On ne sait pas ce que le lendemain apporte... »

Août 2000

Reconstruction

Aux bordures finissantes
Là où la guerre n'a pas mordu
Aux côtières terres
Là où le pays a le moins souffert

La reprise s'amorce petitement
Côte plus solide que le continent
Aumône et marché noir en sus
L'intérieur revit au ralenti

Les pavés éparpillés par les grenades
Laissent place à de nouveaux dallages
Pour le prix du silence des civils

Les larmes coulent avec le béton

Août 2000

Balle à duel

L'arme qui fit feu et te tua
Avait l'âme d'un canon droit
Mais le cœur de silex d'un fusil
De tes entrailles fumantes

                                                          Le babil
                                                          Seul
                                                          Reste

Écumant d'un sang clair
Que la neige a englouti
Glaciale soif de cristaux rougis
Incarnat de semence éphémère

                                                    Mars 2004

Courage

À la fin à l'extrême pointe d'une quête
Accomplie la tâche qui satisfit le cœur
Ne brille plus que d'une bien pâle lueur
Le paladin fourbu repose son épée
Tout étourdi qu'il est tant le trouble le guette

Et la fin du monde ne saurait l'ébranler

Octobre 2004

Atterrée

Encore une fois sentir la poussière
Comme un parfum dont on se sert
Comme un souvenir d'une autre guerre
Encore une fois embrasser la terre
Choir d'un perchoir austère
Comme qui aurait perdu l'équerre
Et encore une fois sur le sol se taire
Las de sombrer d'échouer vie amère
Dans la bouche un goût de fer
Encore une fois mais plus entière
Ramper hors de ce lit arbitraire
Extirper son âme vers ce que l'on espère
Encore une fois comme un livre ouvert
Accomplir un miracle que les lumières
Du destin en alerte enfin suggèrent
Encore une fois vacille l'éclair
Dans une brume dense se perd
Et trépasse léger tel un souffle d'air

Meurtrie une fois encore se relève la cavalière

13 juin 2012

Tapisserie héraldique

De l'image ne reste qu'un nuage
Une faible lueur anime l'entourage
C'est l'heure où le soir se meurt
Sous la froide lune un roi demeure
Sa chevelure brune forme une dune
Sur sa poitrine inerte brodée de runes
Soulagés de cette perte les hérauts alertes
Dans la forêt verte alimentent un feu de joie
Renversant la loi évitant le trépas
Qui attendait leurs voix sous cette égide criminelle
Du souverain cruel qui leur cherchait querelle
Aucun appel n'avait pu toucher son cœur
Mais la rumeur d'un futur vainqueur
Avait l'heur d'une potentielle victoire
Et l'espoir grandissant d'une grande gloire
Galopa dans le noir jusqu'à eux
Il ne fallut que pieux lancés par des preux
Pour terrasser l'affreux et son équipage
Que l'âge avait rendus volages pilleurs menteurs
Jusqu'aux traits d'orage salvateurs

20 février 2014

Fin de règne

Tapisseries décrochées lustres à terre
Tables vides et salles désertes
Quelques âmes en peine errent amères
Du départ n'ont eu vent que les expertes

Oriflammes en berne herses closes
Poussière sur les sols seau au fond du puits
Restent vaines des millions de choses
Qui de l'accompli ne passeront jamais l'huis

Lits abandonnés et draps défaits
Et personne en ce lieu pour arborer
Vêtements troués ou armures rouillées
Nulle bataille à mener ni futur méfait

Ainsi s'achève le règne des aînés

13 mars 2019

Élémentaire

Neige d'alors

Quel est le bruit que fait la neige
Dans sa chute lente et délétère
Allant mollement, comme dans un piège,
Se faire happer par l'être et la matière ?

Quel est le prix que paie le ciel
Pour que ce cadeau velouté et précieux
Nous soit envoyé et nous émerveille
Plus que mille étoiles, mille feux ?

Quelle est donc la raison de ces cristaux
Qui tournent en rond dans l'air glacé
Cherchant un endroit sûr où se poser
Pour y endormir leurs beaux idéaux ?

Enfin quoi, pourquoi, comment ?
Questions inutiles et sans fondements.
La neige tombe, tournoie et meurt :
Ainsi va la vie, son bonheur, son malheur.

Novembre 1998

Parasite

Incarnant les angles de la pierre
Étreinte plus forte que le lierre
Tu serres tu incrustes tu mords
Puis te reposes sur ton lit de mort

Gagnant toutes les batailles
N'en remportant jamais
Immobile où que tu ailles
Toujours galopante sans délai

Force d'un poids plume infinitésimal
Rongeur féroce sans dents ni crocs
La Terre entière craint ton étau
Tu es l'interrogation qui s'étale

Et pourquoi existes-tu alors
Si tu n'es rien presque rien ?
Le déluge n'apporta donc lors
Que le lichen et son règne vaurien ?

Juillet 1999

La vague

La vague
De son rouleau l'unique maîtresse
Charroi des bourrasques
À l'humeur houleuse
Décompose les flux essentiels
Du déferlement rageur
Qui émeuvent les dauphins
Et bercent les sirènes
Remuent la mousse marine
Et les rêves de grandes profondeurs

Août 2000

Éveil

Enrichie par les songes qui l'ont précédée
Une coulée de jour triomphe des ténèbres
Dévale les collines et mouille l'horizon
Frappe aux fenêtres des demeures endormies
Le sommeil en échec renonce
Les lourdes portes du rêve sont closes
Quelques âmes encore reposent
Au loin une étoile tardive pâlit
Puis disparaît

Octobre 2004

Triskell

Des vents contraires ont soufflé hier
La mer s'est réveillée en sursaut la mer
Sens du goût amer et salé la mer
Elle donne toujours ce qu'on y vient pêcher

La mer ravit les marins des femmes terrestres
La mer ronge les falaises déjà abruptes
La mer reçoit l'offrande des naufrages
Silencieuse la mer engloutirait Ys

Novembre 2004

Minéral

J'attends perdu seul et pourtant vainqueur
Au pied d'une montagne oubliée
Percevant intimement le moment
Où le temps trébuchera sans fin
J'attends de l'ombre seul habitant
Au seuil des limbes ni mort ni vivant
Qu'un autre songe vienne me déloger
Cette délivrance patiemment je l'attends
Au cœur de la terre en son sein lové
Pierre solitaire dans son écrin de rocher
J'attends que s'évapore mon âme emprisonnée

Avril 2005

Ouroboros

En regard de ce signe gravé dans l'argent
Une apparition sélène illumine l'œuvre
En tous temps brillante mais jamais incomplète
Accrochée dans le ciel comme une pomme blanche
Et si le vent n'attisera pas la désuète
Lune se mordant la queue telle une couleuvre
Et dont la nuit est le légitime sergent

C'est pour mieux porter son image
Toute tremblante
Encore

Octobre 2005

Mirage

Regarde comme cette pincée de ciel
A un air de déjà-vu

En la parcourant de ses ailes
L'oiseau a déjà trop vécu

Sous l'arche de l'arc-en-ciel
Irons-nous chercher tristement déçu
En vain l'ombre d'un trésor irréel

Avril 2006

Céleste

Sous l'aurore flamboyante vacille un sourire
Rendu blême par l'effleurement d'un souvenir
Aussi vrai et pur qu'une comète haletante
Se dispersant poussière d'étoile filante

Aussi vrai et pur qu'une absurde dérive
D'un cosmos à l'autre une traînée vive
Se délite perpétuelle et enfante le vide
Sidéral l'astre précipite sa course avide

Au firmament subsistent les traces opalines
Qui président aux effacements anonymes
Nul ne s'oppose à ces morts mesquines
Endurant l'univers des cieux aux abîmes

Novembre 2007

Feat

Étourdi par tant d'avenirs
Le règne élémentaire s'enhardit
Et laisse libre cours à sa ire
Malgré la liesse jadis ressentie
Enfreintes les lois obsolètes
Ne servent plus aucun intérêt
Tout espoir toute promesse faite
Auparavant deviennent reflets
Illuminés un jour puis disparus
Reniés par les désirs insulaires
Et livrés à la colère élémentaire
Sans retour possible ni imprévus

Octobre 2008

Cosmogonie

Trahie par l'aurore
L'ombre trépasse en silence
Un relent de vengeance céleste
Plane sur la plaine déserte

Une blessure mordorée saigne au loin
L'horizon s'ouvre comme une figue mûre
Un nouveau jour naît dans l'espoir fugace
Que cesse cette éternelle querelle

Qui divise le monde en deux parts

29 mars 2011

Fusion

Surtout pas disait l'ombre en gémissant
Il ne faut surtout pas ce serait la fin
Mais la lumière la courtisait tant et si bien
Qu'elle se sentait fléchir inexorablement

Les élans sont ainsi faits qu'ils ignorent
Les conséquences de leurs actes impulsifs
Et forgent sans détour des destins définitifs
Que l'ombre jamais sage s'apprêtait alors

À explorer sans vergogne ni arrière-pensée
Sans jeter un regard à sa gloire passée
Ni rappel des dégâts potentiels causés
La raison érodée acheva soudain de dériver

Et le monde vécut alors un effroyable clair-obscur

23 mai 2011

Devinette

Bercée par la brume
Un espoir s'allume
Avant j'étais l'infiniment grand
Aujourd'hui l'infiniment petit je suis
Un mystère qui n'a pas de pays
Une histoire sans occupants
Habitante de vapeurs étrangères
Voyageuse de nuages aquifères
J'ai patiné sur les glaces
Escaladé des icebergs multifaces
Exploré les canaux souterrains
Mûri dans les caves à vin
Jailli dans le ruissellement des torrents
Expérimenté des cascades le courant

Et je suis lasse de ce cycle
Harassant qui sans cesse me hisse
Me pousse me chasse depuis des siècles
Saisissants et sans suite autre que je ne puisse
Enfin m'évaporer d'un définitif
Frisson molécule ridicule sans qui
La vie jamais ne serait
N'aurait été
Qu'une fumée
Qu'un rêve
Sans saveur

Ni lueur
Ni couleurs
Sans
Eau

Aqua bon ?

10 juin 2016

Matin d'été

Elle est arrivée seule en catimini
À l'angle du mur elle hésite
Il est encore tôt pas de bruit
De son retrait matutinal la nuit s'acquitte

Elle hésite encore à franchir l'espace
La porte lointaine là-bas se dessine
Au-delà du vide ombrageux se masse
Une forme indistincte et mesquine

C'est l'ombre de la nuit piégée
Qui force les loquets du jour naissant
Pour s'enfuir par tous les côtés
Sous les feux bientôt menaçants

Elle n'hésite plus et quitte sa cachette
D'un rayon d'un élan prolongé
La voici qui s'étale et poursuit sa quête
Lumineuse présence désirée

La lumière illumine la cuisine

Mai 2017

Vent

Le vent
Voilà un élément qui donne à réfléchir
Le vent

Si les branches oscillent
C'est le vent
Si sable poussière feuilles oiseaux volent
C'est grâce au vent
Si les nuages caracolent
Toujours le vent
Si les vagues moutonnent
Encore le vent

Il ne manque pas d'arguments
Pourtant
Le vent
Il vous couche une forêt
En deux temps trois soufflements
Le vent

Il sait se faire sentir discrètement
Le vent
Moins que violent
Bien que présent
Le vent
Sans dent il mord

Sans force s'endort
Le vent

Variable et inconstant
Le vent
Agité et turbulent
Le vent
Frivole et impatient
Le vent
Énergie et rafraîchissement
Le vent

La vie du vent se rit de l'inventaire

Février 2020

Inepties

Errare humanum est

Meurtrie s'avançait la déesse de Lumière
Condamnée par les arcs de ses rustres fidèles
Un renversement gratuit une autre humeur
Fluctuations des envies du flot naïf

On l'avait mise à genoux d'une chiquenaude
Courbant son dos qui jamais ne devait ployer
On avait confisqué l'orbe surnaturel
Son sein brillant source de toute pureté

Et l'amante du solaire talisman
Erra sans but à travers le médiocre
Réduite au rang des communs
Déracinée de la divine vérité

Elle rejoignit son maître fulminant
Qui voyant le tourment de sa favorite
Décida d'une punition
À la hauteur de ce crime

Tout s'éteignit...

Septembre 1999

Brûlante préoccupation

Un curieux sémaphore danse
Où trébuchent quelques rochers
Et peu importe ce que pensent
Les destinataires cachés
Des messages obsolètes
Ce sont eux les égarés
Qu'un sinistre destin guette
D'une douleur pesante auréolés
Ce sont eux les rescapés
Faibles flammes en sursis
Que la vie a octroyées
À une terre vacillante et brunie

Que consument ces êtres séniles

Novembre 2009

Aliénation

D'une crudité folle perçant l'œil
Hagard déjà d'avoir trop contemplé
Le déversoir d'images s'affole
Et propose une page de publicité

D'une main tremblante de graisse souillée
Apparaît une poignée de chips
Trouvant sans peine le trajet de la bouche
Tandis que défile une rengaine salée

Autre geste automatique une canette s'élève
Une bière râpeuse trouve le chemin de la gorge
Alors qu'un ballon rond envahit l'écran
Logo idiot déposé sur une pelouse grasse

Acclamés d'un soupir d'aise par l'obèse éteint
Un troupeau de millionnaires en short s'élance
Transformant le muscle et la sueur en billets
Médiatiques essoufflements cathodique abrutissement

Mai 2010

Cher argent

De jetons en pièces d'or
Qui n'a un lingot à soi
Dans sa cave ou grenier un trésor
Des napoléons que l'on doit
À quelque empereur oublié
Une série de colliers
Divers bracelets précieux
Émaux et camées des plus vieux
Ou de l'argenterie
Quelques riches pierreries
Si rien de tout cela
Une vague collection peut-être
À la cotation traître
Et qui jamais ne décolla
Pas nous pas nous s'exclament-ils
Ils ont raison pour eux rien de tout cela
À peine en eux une palpitante pépite
Invisible et dont l'or se ternit
À mesure que sur elle le sort s'acharne
Mais épargne les bandits qui engrangent

Mai 2010

Gaïa

Parfois je te vois
Et c'est comme un éclat de rire
Qui traverse l'espace
Me fulgurant de sa voix

Parfois tu es là
Telle une forêt dense
Aux branches des arbres
Des images s'accrochent

Parfois il me semble
Qu'un ange éblouissant
Baigné d'un déluge lumineux
M'abreuve d'énergie

Souvent nous ressentons
Cette sourde détresse
Qui de tes entrailles émane
Une plainte languide et pressante

Souvent vous avez pensé
Ignorer cette alarme discrète
Et les signes précurseurs
D'une voix qui se meurt

Mais ils pleureront amèrement
Tous si le rire se tait
Et si la forêt disparaît
Et si l'ange s'éteint

Car le monde aura renoncé

Juin 2010

Pléthore

Tout s'allonge aujourd'hui
D'une courbe s'arrondit
D'un cran se rehausse
D'un rien se défausse

Et tout va à vau-l'eau
Se désagrège se perd
En ruines infinies sans dos
Rognées par les vers

Eux ne festoient que sur la pierre
Sur les restes d'hier
Envoyés de la mort avides de charognes
Jamais las de leur besogne

Leur lent grignotage nous ronge les os
Évidant nos rêves creusant nos espoirs
Et quand ne restera que poussière noire
Notre règne laissera place au chaos

Car cela seul égalera nos folles dérives

Juin 2010

À l'envers

Autrefois cette riche terre nous portait
Tels des enfants sereins en son sein
Pour satisfaire nos primaires besoins
Une branche un rien suffisait

Autrefois s'étendaient au loin des méandres
Et des forêts gigantesques les bordaient
Des animaux farouches s'abreuvaient
À ces oasis auxquels la paix pouvait prétendre

Ces friches et ces cours d'eau
Auraient dû combler nos appétits
D'autant qu'elle n'est pas avare de ses fruits
Cette Terre qui nous porte sur son dos

Mais l'Homme ne se contente jamais
Des choses qui étaient là bien avant lui
Et renie la Mère qui l'a nourri son berceau oublie
Déforme les bras verts qui le protégeaient

Pour chercher partout les réponses qu'il n'aura pas

Août 2010

Ensemble

L'heure tant attendue très lentement s'approche
Des âmes en alerte ont entendu ensemble
La plainte tapie sous la mélopée des cloches
Si longue et si profonde que le ciel tremble

Le tocsin superflu oublie sa raison d'être
À mesure que le sens de son alarme meurt
Au profit d'un déchaînement féroce et traître
Ressenti surtout par les hordes aux noirs cœurs

Bouleversé l'équilibre trébuche enfin
L'étendard sombre s'abîme dans les cieux
Englouti par des nuées pures que la fin
N'inquiète pas mais anime d'humbles aveux

Le souffle court le visage blême suffoque
Ce monde décadent qui a vu nos erreurs
Engoncé dans un mal qui bien ne se révoque
Qu'à la force de voix aux multiples couleurs

Septembre 2010

Nous les hommes

Nous les hommes
En qui la foi souvent croît
Attachés à nos fantômes
Transportant notre croix

Nous les hommes
Las d'être enfiévrés
De n'être que la somme
De nos erreurs passées

De nos constructions les prisonniers
De nos systèmes les esclaves
De nos méfaits les héritiers
Générant toujours plus d'entraves

Dans le massacre inique exultant
Une ombre de terreur fusille
La foule babillarde se délitant
Grains de vie qui trop vite se gaspillent

Nous les hommes
De si grands bonds pour d'inévitables chutes
Toujours enclins à croquer la pomme
Dont la moindre parcelle se dispute

Nous les hommes
D'intenses élans déguisent d'immenses vices
Façonnant de l'Histoire l'infâme tome
Que de vies menées au supplice

Au nom de quoi au nom de qui
Au nom de quelle cause perdue
Au nom de quelle idole bénie
Au nom de quelle prétention indue

Jamais avares de nos fols espoirs
Créant aussi bien martyrs que héros
La différence notre fardeau de gloire
Et l'ignorance notre tombeau

Janvier 2016

Quête déchue

Comme un frôlement de soie
Sur de tendres peaux affolées
La respiration de la terre
Essouffle l'exubérante énergie

De ce monde mouvant
Et sa loi du temps
Monstre glouton
Avalant les secondes
Tel un grand volcan

La quête impossible de l'avidité
S'écroule comme un vieux pont de bois
Les pionniers de l'excès impunis
S'évadent en vain par des portes sans fin

Et l'apparente facilité du vice
S'effrite cendres froides
Entre des mains gourdes et naïves
Qui croyaient façonner le monde

Septembre 2016

Un monde sans eau

Un monde sans eau
C'est un homme sans peau
C'est un squelette sans os
Un livre sans mot
Une arête sans poisson
Une bouteille sans bouchon
Un verre sans boisson
Un lit sans polochon
Une télé sans napperon
Une ferme sans cochon
Disait mamie au coin du feu
Mon Dieu mes aïeux !
Et dire qu'elle avait raison...

Janvier 2018

Atome misé

Bénéfice de la matière
Sursis de mille chimères
Énergie excédentaire
Libération nucléaire
L'atome en colère
Disperse l'atmosphère
Contamine l'air
Réduit la terre
À l'état de désert
Éléments délétères
Ouragan de poussières
Cœur de pierre
Fantôme austère
Qui génèrent
Mutations et misère
Se désespèrent
D'éternels hivers
De longues galères

Février 2018

Effondrement

Du monde qui s'effondre
À quoi bon retenir
Les vestiges épars et les lambeaux fuyants

Trop penché l'équilibre
S'inverse et chavire
Qui s'accroche prolonge l'agonie des ans

Aucun répit cependant
Nul délai ni omission
L'effondrement bientôt engloutira tout

Et nos lassitudes
Et nos espoirs
Et nos amours
Et nos richesses
Pour ne laisser que le vide

Immatériel

13 septembre 2019

Alchymia

Création

Sang et encre
Alchimie du poète
Ma plume distille
La quintessence de mon âme

Plantations de paroles
De terres et de langues
Ma plume creuse
Les trous pour mes graines futures

J'arroserai de rosée et de sève
Les plants naissants
Dont les tiges mal assurées
Pointeront vers le ciel
À la recherche décourageante
De quelque plafond

Je recueillerai l'eau lourde
De ces turpitudes
Sur la feuille d'or d'un chêne aimé
Un fleuve gonflé de limon fertile
De sa surface ondoyante fera offrande
Et ces substrats inspireront

Alors j'érigerai avec respect
Un obélisque encore tendre

Résultat d'une condensation imperceptible
Cristallisation de la pensée
Réceptacle d'énergies cachées
Champ de métaphores

Pulsion de cœur primordiale...

Avril 1999

Lanterne vide

J'entends mon cœur résonner de dégoût
À l'heure où même la force me fuit
Tant est grande l'horreur d'être qui je suis
N'y a-t-il rien de conquis qui ne tienne encore ?
Rien de superbe qui ne soit acquis ?

Un unique trou béant vit aux alentours
Où les lambeaux de ma poitrine pendent
Ni deuil ni tristesse inhérents à l'amour
Mes afflictions d'un noir néant dépendent

Mais où suis-je donc passé ?
Où est ce semblable moi-même
Qui vit dans chaque page que j'écris ?

Novembre 2000

Sphynx

Je travaille un bourdonnement
La saisie d'un bourdonnement
Qui nous vient d'un autre temps
Interstice où le sens en glapissant
S'engouffre se perd et continue

Juillet 2002

Abysses

Une mélopée
Douce légèreté
Me rappelle
Que SUPERVIELLE
A tout inventé
Sur un bateau atlantique
Voguant sur la mer ivre
Il perçoit l'envers et le profond
Sous la surface vie et mort
Réunies à jamais vieilles ennemies
Dansent mains jointes liquides intactes
Dans leur insouciance habituelle

Ce qui se trame là-dessous à ma préférence
Et ne vous regarde pas

Ignorez-le donc

Août 2002

Histrion

Où est la clé des œuvres aux merveilleuses phrases
Dans quel puits jetée ou dérobée pour toujours
Aux confins de quelles croisées vite en allée
Complexité de l'écriture au pas lourd

Que n'aie-je à mes doigts les ailes de Pégase

Ce génie apocryphe et diminué
Quelle existence le pourra restituer
Sinon la fulgurance et l'acuité
D'un être tout à son âme voué

Que n'aie-je à mes doigts les ailes de Pégase
Et la grâce des fées et la lyre d'Orphée

Septembre 2002

Lettres de l'être

Des signes sur le papier
Ne seront jamais
Que de minces traits
Prêts à être oubliés

Les signes suscités
S'ils sont parfaits
Ne faneront jamais
Seront répétés

Palimpsestes dépassés

Octobre 2002

Écrit vain

Carnets effeuillés
Abîme de perplexité
Échec de la sérénité
Une deux trois pages cornées
Feuillets froissés déchirés

Poésie désarmée
Devant l'infini du monde

Septembre 2003

Calligraphe

Sur la page que déserte l'inspiration
Un pinceau encre à grands traits l'image
Trace les signes immémoriaux que l'univers
Charriait en son immense trame dès avant l'aube
Ces temps jadis lorsque la mer embrassait la terre
Le calligraphe en ressent le sursaut en ses os
Et en retransmet le message sacré en écho
Glyphes de quelque intelligence disparue oubliée
Symboles magiques sans avenir ni présent
Sur un parchemin vétuste et élimé
Dont l'émiettement n'attire que scorpions et serpents
Et véhicule la sagesse antique
Qui maintient la nature une
Et illuminera tout

Juillet 2005

Mes Moires

Sise en ces lignes s'oublie un peu
L'exquise banquise de mes vœux
Esprit gelé par l'infini des mots
Parcours scriptural qui réchauffe les os

Ce grattement trépidant révèle
Le luxe voluptueux de cette merveille
Vivre un espace inexistant
Habiter les pages d'un autre temps

Un fragment arraché au néant
Flotte dans l'imaginaire présent
Iceberg de papier dont la face
Laquée brille au soleil puis s'efface

Poétique mémoire
Utopique moire

17 mars 2016

Anima

Triste chose
Qu'un marque-page
Détruit
Finalement
Ni plus ni moins
Qu'un carton
Auquel on avait donné vie

04 mai 2016

Perles de temps

Latente

Lieux vides qui n'ignorez pas ma tristesse
Qui recueillez le fond de ma réflexion
Dites-moi de quel néant je suis partenaire
Dites-moi quelle indolente fièvre s'exerce
Quand s'acharnent à tinter les secondes
Sur le rythme magnanime d'une lente ronde

Mon cœur gémit à contempler en lui
La rareté tristement insouciante
Des moments que nous avons partagés
De loin en loin martyrisant l'attente
Latente
L'attente
Latente
L'attente

Tic-Tac phosphorescent
Des peurs de la longueur du temps

Juin 2000

Harassée

Au fond de ce sarcophage
La vie a-t-elle élu domicile ?
Ou bien la mort a-t-elle gagné ?
Reconnaît-on son ancestrale légitimité
À l'heure où repose la poussière ?

Vaincu tel un vieux dinosaure
La momie du souvenir
Peine à fermer les yeux

Juillet 2003

Temps pis

À la fin des temps
Lorsque le vent
Aura été
Aspiré par le néant
Je reviendrai

Je reviendrai
Des rayons de la lune hivernale
Qui m'a conçu

Caché sous une cape trouée
Par le long voyage

Moi le titan des titans
Le scarabée bleu et géant
Qui viendrai ravager le temps
Le temps enragé le temps

Et son économe allaitement

Août 2003

Parcelle

Que de vies naufragées allons-nous disparaître
Que de mois délaissés devons-nous nous repaître
De ces soirs incongrus dont nul n'a le secret
Une seconde écoulée secondes perdues
Que d'années rédimées pour un temps imparfait
Souvenir incertain l'avons-nous retenu

Avril 2004

Oblique

Sur le peu que tu sais tu fondes ta mémoire
En souffrance et si vivante que tu oublies
Quel sort en long sommeil envers toi vient de choir

Sur le peu que tu sais tu fondes sans relâche
Une mémoire honnie un désespoir soumis
Bataille incessante dont les victimes cachent
L'infaillible nébuleuse en laquelle tu gis

Immergé
                        Lointain
                                            Scaphandrier

Mai 2004

Jouvence

Et une ombre est passée
Sur notre vaine beauté
En ces lieux inconnus
Où nous fûmes perdus
Comme de vagues enfants
Qui n'auraient pas le temps

Avril 2006

Clepsydre

À l'envers l'insoupçonnable règne
Harassé de tiraillements internes
Exulte aussi bien qu'il saigne
De ne connaître qu'une subalterne
Douleur plantée par le temps
Qui galope à pas de géant
Métronome sans saveur
Et sans dents qui pourtant
Grignote tout l'intérieur

Mai 2007

Carpe Diem

Insaisissable comme l'aurore
Passe un frugal printemps

De ses bienfaits souvent
Nul ne profite aussi fort
Que lorsque cesse la vie

Si vite reconquise par l'oubli
On dirait une fragile brindille
Mais cela n'en diminue guère le prix

Se sait condamné celui
Qui a trompé l'ennui

Octobre 2007

Lachésis

Traversée d'éclats bruts
La pâleur de l'avenir
Hérissée de miroirs épars
Rebondit en reflets infinis

Un autre devenir
Modeste futur bout de souvenir
Se fixe parfois
Las de son sort
Et remplace un fil qui se casse
Prématurément

Alors s'embrasent des possibles sans fin

Mars 2010

Réminiscence

Traître comme une lame de fond
Soulevant dans une écume bouillonnante
Les sédiments d'une autre époque
Qu'une onde soudaine emporte
Le signal souverain est donné
Et les rouleaux remontent à la surface

Autant de souvenirs que la mémoire en peut porter

Juin 2010

Nuance

Langoureux le souffle d'avant
Glisse sur la nuque de l'été
Enhardi par tant de frivolité
Ce n'est qu'un peu de vent
Disent laconiquement les enfants
Une brise que la colline a laissé filer
Mais les grands ne s'y sont pas trompés
Et pressentent la fin de l'apogée
Qui s'achemine impitoyablement
Vers un instant passé
Dont le parfum entêtant
Pèse sur les vies plus que le présent

Juin 2010

Paix

Déjà s'emplissent les coupes
Et se vident les cœurs
D'un liquide pétillant et doré
Et du fardeau des velléités
Dans l'ombre se glissent
Des visages familiers mais inquiets
D'avoir laissé filer le temps
Sans retenue ni amertume
Mais sans avoir goûté pour autant
Aux charmes de la jeunesse
Ce que la vieillesse emporte
Reste aux oubliettes pour longtemps
Demeure cette sagesse qui pardonne tout

Janvier 2011

Cycle

Il y a des sourires
Qui s'effacent
Des rires
Qui renaissent
Des pleurs
Qui jaillissent
Des langueurs
Qui jaunissent

Un baume pour chaque plaie
Un heaume pour chaque coup
Une lutte pour chaque heure
Une butte pour chaque effort

Ainsi va la vie

21 février 2014

Citadelle intérieure

À se fourvoyer dans des luttes sans merci
À fouiller les souterrains de nos âmes aigries
À se perdre dans l'obscurité de l'envie
À trimer comme des animaux abrutis

Avons-nous pris le temps de la vie
Avons-nous goûté aux richesses infinies
Avons-nous prêté vœu de silence
Avons-nous fait taire cette unique violence
Qui rend l'être heureux de sa propre impatience
Et qui douce caresse éteint la méfiance

Avons-nous manqué ces rares moments perdus
Où tant de couleurs et tant de feux ont vécu
Dans le ciel intérieur de nos raisons déçues
Avons-nous saisi le sens de ces mots déchus
Qu'une douce folie anime encore parfois
Aurons-nous le courage d'emprunter autrefois

Du passé l'héritage
L'avenir incertain
De nos souvenirs le gardien

10 décembre 2015

Route du Rhum

Chaque fois que je regarde
Ton image se dérobe
J'écoute une mise en garde
Dont le message m'englobe
Et m'exclut pourtant
Savamment distillé
Ce sentiment d'évitement
S'est déjà délité

Il ne reste qu'à regarder passer
La caravane de l'oubli
Un désert de souvenirs surannés
Que la soif de demain a vieilli

28 avril 2016

Kaléidoscope

Il est des chimères
Que l'on caresse à loisir
Tantôt liqueurs amères
Tantôt îlots de plaisir
Et qui ne vivent que pour nous
Dans les brumes de nos pensées
Assez tangibles pour n'être floues
Assez fuyantes pour se déliter
Vapeurs d'alcool aux saveurs d'adieux
Tissant les motifs d'un âge révolu
Chaque visage chaque lieu
Est un écho de mon âme perdue

Mars 2017

Instants tannés

Un moustique
Se pose sur l'épaule nue
Aïe cou !

                    Malgré lui croule
                        Le cerisier
              Étonné de tant de fruits

Entre les rives
Un pont sourit largement
Et dort paisible

Moment de paix
Tumulte éteint
Sésame de mon âme

                                                            Un regard
                                           Billes de marbre
                                   Dans l'infini du ciel

Brin de sourire
Regard fou
Porté par l'inconnu du monde

Parfois te dire
C'est déjà aimer
Forme incomplète

                                        Si lent ce temps
                                        Que mon âme
                                            Ralentit

C'est être ange
Que de se savoir aimé
Cela donne des zèles

Lasse l'eau s'éparpille
Sur la surface scintille
Une idée de soleil

                    D'un roseau qui penche
                         L'oiseau volage
                      Fait tout un poème

Entre tes doigts agiles
Une frêle poupée
Surprenante de mobilité

Sur l'herbe douce
Glisse lentement
Les souvenirs du printemps

                                          Dansant légèrement
                                              La feuille d'automne
                                                   Attend la fin

Suppliant et fourbu
Le saule pleure
Ses feuilles perdues

Raisin de la solitude
Couvé par des toits
Que la neige a rendus blancs

　　　　　　　　　　　　　　Déçue la pierre
　　　　　　　　　　　　　　　Se lamente
　　　　　　　　　　　　De son immobilité forcée

Clapotis dans le ressac
Hymne perdu
Des cités englouties

J'ai contemplé les tropiques
Du scorpion dont l'aiguillon
Plaît en congé et pique trop

                                      La peau lisse ne me vaut rien
                                                    Et rien ne vaut
                                        Leurs doux lards ceints

À l'évidence
Cette science
Ne nous mène à rien

Surprise dans la nuit
La trame se déchire
L'aurore point

                                                                     Aux portes du rêve
                                                                        Un appel du ciel
                                                                             Solennel

Une brise étrange a poussé la porte
Fait tomber un vase
Et emporté le souvenir de la journée

Au fond des tempêtes
Un sentiment neuf a éclos
La certitude de la fin

                                          Qui verra l'hémisphère
                                                 Lorsque la terre
                                          Aura été coupée en deux

Loin le vacarme pressenti
S'avance en faisant trembler
L'idée absurde du danger

L'éclipse que provoque
Son âme en émoi
Alerte les étoiles du danger

                                            Terrible doute
                           Le cœur renâcle et se pâme
                              Reniflement de l'âme

Quand le regard de l'autre
Aura frôlé l'anéantissement
Les yeux deviendront visionnaires

Sur son front
Rayonne
Le sourire triomphant de la vie

                                D'un regard
            L'inconnu embrassé se dévoile
                            Fleur de savoir

Couleurs du temps
Cérémonie d'or et d'argent
Vaisseau vivant

La simplicité
N'est qu'une excuse
Parant notre insignifiance

                                        Un au revoir brisé
                                        Sanglote sur le seuil
                                                Amer et salé

Tirer un trait de crayon
Éphémère papier
Dont est fait ma prison

Trêve d'élégance
Il faut maintenant
Croquer ce monde nu

coute mon histoire, Ô lecteur, car je ne suis rien et pourtant je peux tout. D'où je viens n'a pas d'importance, je ne m'en soucie pas.

onitruant est mon voyage. Et bref. Ma destination, inéluctable, ne m'inquiète guère. En ce monde traversé d'éclairs, la fulgurance est la loi.

dentique à toi, je nais et je meurs. Dans l'éternité d'une fraction de seconde, ma présence scintillante illumine le champ des possibles.

on une fin en soi, mais un messager diligent, je porte une vivante lumière. Mon existence est vouée à l'accomplissement de cette mission.

avalant dans un espace infime, je jaillis du néant avec l'autorité fracassante de la foudre. Les obscurs limbes tremblent à mon humble passage.

t pourtant, dans la palpitante vie qui anime ton cosmos intérieur, je n'ai rien d'extraordinaire. Mes semblables, également percutants, fusent.

a destinée m'a voulu autre, néanmoins. Spéciale. Divine. Animée d'un dessein propre transcendant l'espace vibrionnant de ton précieux cortex.

e moment précis où je frappe échappe à ta notion du temps. Je suis avant d'être et meurs avant d'avoir vécu. Ma réalité physique : un stimulus électrique.

xisté-je vraiment ou ne suis-je qu'un mirage ? En m'évanouissant, je saisis enfin le sens de la trace que je laisse. Du génie naissant, je suis l'étincelle !

SOMMAIRE

Élans
Lambeaux	p. 9
Fr Ag m En T	p. 10
Tu es comme le soleil	p. 15
Parfum	p. 16
Ta photographie	p. 17
Il y a dans mes yeux	p. 18-19
Mi-Lune	p. 20
Peur du vide	p. 21
Ma reine	p. 22
Déclaration décalée par dialogue	p. 23-24
Tes larmes bues	p. 25
Bien-aimée	p. 26
Naissance du plaisir	p. 27
Si loin mon ange	p. 28
Graveuse sur draps	p. 29
Météores indifférents	p. 30
Les beaux mensonges	p. 31
Passion	p. 32
Sois	p. 33
Astractifs	p. 34
Vision partagée	p. 35
Ta vue m'échappe	p. 36
Renouveau	p. 37
Ô fonds des cœurs	p. 38
À l'ombre de tes yeux	p. 39

Erre mais tique
Bravant les flots	p. 43
Le Chaos et son œuvre	p. 44
Fièvre	p. 45
Allégorie existentielle	p. 46
Silence	p. 47-48
Cécité	p. 49
Défi	p. 50
Un cygne, une plume	p. 51

Clair-obscur	p. 52
Ubiquité	p. 53
Errance	p. 54
Anéanti	p. 55
Flambe haut	p. 56
Cette vie-là	p. 57
Volutes	p. 58
Obsidienne	p. 59
Golems	p. 60
Fugue	p. 61
Doute	p. 62
Au fil de l'eau	p. 63
Périlleuse facétie	p. 64
Extatique	p. 65
Dernier sursaut	p. 66
Sans soucis	p. 67
Re-vie	p. 68
Mourir un peu	p. 69

Fées et ris

Alla prima	p. 73
Gravité	p. 74
Erreur originelle	p. 75
Feu de glace	p. 76
Or séant	p. 77
Conciles oisifs	p. 78
Mithragan	p. 79
Je-ne-sais-quoi	p. 80
Sylve	p. 81
Promenade	p. 82-83
Dents de lion	p. 84
Miracle	p. 85
Ivresse d'été	p. 86

Faits d'armes

Le Siège I	p. 91
Le Siège II	p. 92
Le Siège III	p. 93
Le Siège IV	p. 94
Le Siège V	p. 95
Le Siège VI	p. 96

Métamorphose	p. 97
Tuzla en Bosnie	p. 98
Reconstruction	p. 99
Balle à duel	p. 100
Courage	p. 101
Atterrée	p. 102
Tapisserie héraldique	p. 103
Fin de règne	p. 104

Élémentaire

Neige d'alors	p. 109
Parasite	p. 110
La vague	p. 111
Éveil	p. 112
Triskell	p. 113
Minéral	p. 114
Ouroboros	p. 115
Mirage	p. 116
Céleste	p. 117
F e a t	p. 118
Cosmogonie	p. 119
Fusion	p. 120
Devinette	p. 121-122
Matin d'été	p. 123
Vent	p. 124-125

Inepties

Errare humanum est	p. 129
Brûlante préoccupation	p. 130
Aliénation	p. 131
Cher argent	p. 132
Gaïa	p. 133-134
Pléthore	p. 135
À l'envers	p. 136
Ensemble	p. 137
Nous les hommes	p. 138-139
Quête déchue	p. 140
Un monde sans eau	p. 141
Atome misé	p. 142
Effondrement	p. 143

Alchymia

Création	p. 147-148
Lanterne vide	p. 149
Sphynx	p. 150
Abysses	p. 151
Histrion	p. 152
Lettres de l'être	p. 153
Écrit vain	p. 154
Calligraphe	p. 155
Mes Moires	p. 156
Anima	p. 157

Perles de temps

Latente	p. 161
Harassée	p. 162
Temps pis	p. 163
Parcelle	p. 164
Oblique	p. 165
Jouvence	p. 166
Clepsydre	p. 167
Carpe Diem	p. 168
Lachésis	p. 169
Réminiscence	p. 170
Nuance	p. 171
Paix	p. 172
Cycle	p. 173
Citadelle intérieure	p. 174
Route du Rhum	p. 175
Kaléidoscope	p. 176

Instants Tannés

p. 181-193

Étincelle

p.195

Remerciements

Merci à tous mes lecteurs, présents, passés et à venir !

Merci à Anka, ma femme, lumière de ma vie, ombre de mes pensées, pimpante et toujours disponible, dont le regard n'est jamais loin de mes pages et que je sollicite à tous moments.

Merci à ma fabuleuse équipe de Testeurs de Dragonneries : Anaïs, Bénédicte, Elsa, Estelle, Fiorine, Grace, Johan et Pierre.

Merci aux beaux mots qui ont bien voulu se laisser apprivoiser et charmer afin de rendre ce recueil riche et haut en couleurs !

« Pour l'éditeur, le principe est d'utiliser des papiers composés de fibres naturelles, renouvelables, recyclables et fabriquées à partir de bois issus de forêts qui adoptent un système d'aménagement durable. En outre, l'éditeur attend de ses fournisseurs de papier qu'ils s'inscrivent dans une démarche de certification environne-mentale reconnue. »

Dépôt légal : août 2021.

Restez connectés sur
www.tresordudragon.fr
pour les dernières actualités
et les nouveautés prochaines !

🐉 Éditions 🐉
Trésordudragon